Vivien Vivace Luc Kunda

La Gestation de la RD Congo

Vivien Vivace Luc Kunda

La Gestation de la RD Congo

Éditions Croix du Salut

Imprint
Any brand names and product names mentioned in this book are subject to trademark, brand or patent protection and are trademarks or registered trademarks of their respective holders. The use of brand names, product names, common names, trade names, product descriptions etc. even without a particular marking in this work is in no way to be construed to mean that such names may be regarded as unrestricted in respect of trademark and brand protection legislation and could thus be used by anyone.

Cover image: www.ingimage.com

Publisher:
Éditions Croix du Salut
is a trademark of
Dodo Books Indian Ocean Ltd. and OmniScriptum S.R.L publishing group

120 High Road, East Finchley, London, N2 9ED, United Kingdom
Str. Armeneasca 28/1, office 1, Chisinau MD-2012, Republic of Moldova, Europe
Printed at: see last page
ISBN: 978-620-6-16950-5

*Au monde chrétien, aux membres de la **M**ission **É**vangélique **P**êcheurs d'**H**ommes (**MEPH**), qui ne cessent pas de parcourir toute la terre pour l'Évangile avec un seul objectif qui est la grande commission (ordre suprême) de faire de toutes les nations de disciples du Seigneur Jésus-Christ... à l'Université de la Paix au Congo et Calvary University qui ne cesse pas de nous encadrer et orienter dans le domaine des sciences théologiques et religieuses. Et à mes collègues Pasteurs et étudiants, à aux éditions croix du salut qui nous aide dans l'édition et publication de nos ouvrages.*

Je dédie cette œuvre de l'esprit avec un cœur plein de gratitude, d'amour...

[4]

TABLE DES MATIÈRES

[6]

AVANANT PROPOS

Suivant l'orientation en Théologie pratique, nous sommes dans la contrainte de faire une restitution en rapport avec la connaissance acquise et aussi présenter un ouvrage en vue de contribuer à l'évolution de notre chère science Théologique et religieuse.

Vu que la branche de la Théologie pratique vise spécialement à étudier les pratiques, elle rassemble les enseignements concernant les diverses actions ecclésiales et sociales dans son ensemble, elle expose les raisons de ces pratiques.

Selon les enseignements reçus, elle a pour objet d'étude des pratiques individuelles ou collectives des personnes. Afin de donner une solution, soit la proposée, soit l'améliorée ou soit la modifiée.

Le choix porté en faveur de ce sujet n'est pas un fait du hasard, mais plutôt un attachement et une passion à notre pays la République Démocratique du Congo (RDC). Ce que nous devons retenir avant tout, d'après le livre de Genèse, il est tout à fait clair que Dieu donne toujours une manière de vivre selon sa volonté. La rédaction de cet ouvrage, répond aux questions, et aux inquiétudes des plusieurs nations, particulièrement la nation congolaise de la situation dans laquelle la République Démocratique du Congo traverse plus de trente ans.

En effet, nous voulons recadrer les nations, principalement celle de la République Démocratique du Congo (RDC), face aux situations présentes dans le pays. Il est regrettable de constater le non-respect de la pratique de la limitation frontalière dans des pays, or que cette dernière est fondée sur les bases culturelles, traditionnelles, environnementales, conventionnelle et biblique.

Notre ouvrage prône la manière de vivre des congolais dans leur pays tout en se basant sur les pratiques observées, en particulier le peuple congolais de la République Démocratique du Congo, un pays riche pour une nation qui souffre.

De nos jours, nous constatons que la condition de vie de la population est sérieusement menacée au sein des sociétés du point de vue pratique, chose qui frein certainement l'émergence du peuple, aussi nous constatons la rupture d'une relation très fraternelle.

En tant que chrétiens congolais vivant à l'époque moderne, nous devons réaffirmer la paix et la stabilité qui nous pousse à parler dans ce présent ouvrage **« la gestation de la République Démocratique du Congo : les douleurs de l'enfantement. »**

Nous attendons par ce sujet, apporter un vent nouveau capable de retourner à la paix, à la stabilité, à l'émergence de notre pays.

Que tous les auteurs qu'on a eu à consulter leurs ouvrages, que toutes les personnes qui nous ont prêté main forte dans la collecte des données et mise en forme de cet ouvrage, trouve ici toute notre gratitude.

Vivien Vivace Luc Kunda
Théologien pratique

CHAPITRE I. LA DOULEUR DE L'ENFATEMENT

1. NOTION SUR LA DOULEUR DE L'ENFANTEMENT

La douleur repose avant tout sur le ressenti du patient. Selon la définition officielle de l'Association Internationale pour l'étude de la douleur (IASP), il s'agit d'une expérience sensorielle et émotionnelle désagréable associée, ou ressemblant, à celle liée à une lésion tissulaire réelle ou potentielle. L'enfantement c'est une action d'enfanter ; accouchement, c'est donner le jour à…, faire naitre, produire son fruit, produire une œuvre littéraire, produire, par son travail, une réalité jusque-là inexistante, donc avoir pour conséquence.

2. LA DOULEUR DE L'ENFANTEMENT

La douleur de l'enfantement est temporaire et progressive. C'est-à-dire qu'elle augmente au fur et à mesure que le travail avance. Elle peut servir de signal pour ramener dans le moment présent et l'aider à se concentrer sur la naissance à venir. Cette douleur de l'accouchement est unique, et elle a un sens ; significatif que le processus d'ouverture menant à la naissance de l'enfant a commencé. Il est vrai que l'on peut soulager les douleurs de la grossesse et de l'enfantement par un traitement médical et qu'on peut même les éviter, dans une certaine mesure, par des soins et des méthodes préparatoires ; toutefois, en règle générale, l'accouchement reste un moment éprouvant (Gen. 35 :16-20 ; Es 26 :17).

Dans l'hébreu littéral, on trouve l'expression **« ta douleur et ta grossesse »**. Certaines traductions la rendent par **« tes souffrances et tes grossesses ».** (Dh ; voir aussi AC ; Da ; Os ; Zk.) Cependant, l'hébreu emploi ici une forme grammaticale appelée **« hendyadis »** qui consiste à utiliser une expression formée de deux noms reliés par la conjonction **« et »** pour désigner en réalité une seule et même chose. D'autres versions traduisent cette expression en conséquence (Jé ; Sg ; TOB). Ce texte ne signifie donc pas nécessairement que les grossesses de la femme se multiplieraient, mais plutôt que ses souffrances, elles, augmenteraient.

La loi tue, la loi est basée sur la méritocratie, mais la grâce est basée sur la faveur imméritée. Jésus étant sur la terre et est confronté par la loi **(une résistance)** mais il était obligé de persévérer pour terminer sa mission. Il était entré dans sa gloire ceci est pareil à une femme enceinte qui est à terme, malgré les douleurs, elle doit toujours accoucher, il y a certaines choses qui peuvent résistées de s'accomplir mais malgré cette résistance, l'on doit s'affronter face à cette résistance s'il tient à avoir ce qu'il a besoin. Le Royaume de cieux appartient aux hommes forts ; il y a certaines victoire seules les persévérant peuvent l'obtenir. Nous traversons un moment si douloureux dans notre beau et vaste pays la République Démocratique du Congo **(RDC)** ; ce traversé est comparé à une femme qui est en gestation malgré les douleurs et les caprices de la grossesse, cette femme se battra pour tenir son enfant dans ces mains. Ça sera seulement qu'après avoir eu son enfant qu'elle aura la paix du cœur ; malgré les douleurs de l'enfantement, la naissance de l'enfant s'accompagne d'une grande joie. Seule la victoire nous apportera la paix au Congo et qui nous poussera à crier comme Jésus à la croix : **« TOUT EST ACCOMPLI ».** Or Jésus était aussi dans cette phase de la gestation afin de sauver le monde en donnant une nouvelle naissance qui est la nouvelle créature donc un nouvel homme. Notre Seigneur Jésus-Christ à utiliser cet exemple au moment de son entretient avec ses disciples, avant sa mort donc à la veille ; juste en terminant de leur parler qu'il devrait les laisser : **« Jn16 :20-22 ».** Durant les trois jours selon **« Lc 5 :35 »,** les disciples ont traversé une période de la gestation d'ailleurs très douloureuse de trois jours où ils ont eu à être affligé leurs âmes par des jeûnes et pleuré, mais plus tard un certain matin du troisième jour de la semaine, Jésus est ressuscité et apparu aux uns des disciples à plusieurs reprises pendant quarante jours. Voyons l'ambiance, la joie de ceux qui pleurés, qui étaient dans la tristesse, dans la douleur… mais de voir Seigneur Jésus-Christ ressuscité. Les douleurs de Jésus-Christ lors des trois jours passés dans le séjour des morts ne sont pas la conséquence de son âme brulant dans le feu comme celle du riche de la parabole, il n'a pas souffert dans la partie enflammée du séjour des morts pour nos péchés, c'est sur la croix qu'il a porté notre châtiment qui nous donne la paix, je crois à la paix de la République Démocratique du Congo. *« Ac 2 :24 ».*

Durand ces trois jours, notre Seigneur avait des douleurs intenses comme celle d'une femme grosse, Jésus éprouvait des douleurs en se préparant à l'accouchement d'une nouvelle création, un nouveau monde. Nous congolais éprouvons des douleurs intenses, nous sommes juste dans une préparation à l'accouchement d'un nouveau Congo, là où la paix règnera, la joie, la réjouissance de nos biens, héritages, richesses…

On ne parlera jamais de l'enfantement sans qu'il y soit l'écoulement de sang et des douleurs. Si nous voulons avoir ce qu'on a besoin, persévérons pour l'obtenir *(un Congo nouveau)*. Chaque chose a un commencement et une fin, et pour moi, le Congo n'est plus à un mois de grossesse mais il est aux neuf mois de la grossesse, il est à sa terme, c'est pour bientôt la paix, une nouvelle naissance, un Congo nouveau que ça soit dans la classe politique, dans la classe ecclésiale, la classe sociale, dans la classe intellectuelle, dans toute chose… les douleurs de l'enfantement se manifestent soudainement, sans qu'on puisse en prévoir le jour et l'heure. Ces douleurs sont d'abord espacés dans le temps puis se rapprochent à mesure que se poursuit l'enfantement, dans la plupart des cas, l'accouchement dure relativement peu de temps, surtout pour ce qui est de sa deuxième phase ; cependant, dès qu'elle ressent les premières douleurs, la femme sait que la naissance approche et qu'il lui faudra bientôt affronter l'épreuve ; elle n'y échappe absolument pas.

Il n'y a que la personne qui a subit la douleur connaitra la valeur de la chose, il n'y a que les congolais qui connaissent la valeur de leur pays. C'est pourquoi comme la femme a une grande valeur à l'égard de son enfant, ici la femme est le Congo, et nous nous sommes l'enfant. Quand une mère est en péril son enfant subira le même sort ; l'erreur est que si la mère périssait au moment où son enfant a déjà grandi, ce dernier ne laissera pas sa mère périr, il lui défendra avec toute sa force... le Congo est notre Terre que nous devons défendre malgré la loi nous entrerons dans la victoire, le Congo aura la paix dans le nom du Seigneur Jésus-Christ.

Quand une femme est enceinte, elle fera neuf mois avec le bébé qu'elle porte dans son ventre pour finalement accoucher au neuvième mois. Dans le même sens allégorique, ce principe s'applique pour chacun de nos destins, sur le destin du Congo RD. Ceci qui peut être assez long, mais ce qu'il faut retenir que c'est la préparation ; Dieu test et forme le comportement *(le caractère, la mentalité...)* afin de nous enfanter d'un projet qu'il a déposé dans nos vies ; dans notre pays. Les douleurs de l'enfantement sont une période des souffrances à passer avant d'arriver dans une nouvelle réalité ; elles vont en général en augmentant et en se rapprochant, à mesure que le temps de passer à la nouvelle réalité approche. Quoi que le temps complique, des souffrances, des pleurs, et l'accouchement parfois pénible, malgré tout ça, ne perdons pas l'espoir, nous entrerons dans notre destinée ! Dans notre bonheur, et gloire… *« Es 54 :1 Lc 1 :57, Ge 35 :16-19, Jn 16 :20-22, Rom 8 :22»*

Le Congo est un pays béni et riche *« on ne jette pas la pierre à un arbre qui n'a pas des fruits, on jette toujours à un arbre là où il y a des fruits »* dit-on. Mais quand le propriétaire de cet arbre viendra personne n'y jettera plus la pierre parce que le propriétaire est présent, bien qu'il va rencontrer une résistance de ceux qui avaient l'habitude d'y jeter la pierre à son absence, si le propriétaire est fort et persévérant ce dernier finira par s'enfuir. Je répète comme je l'ai dit ci-haut que le Congo est un pays béni et riche :

- Riche de ce que l'on voit. Pr 24 :4-5
- Béni de ce que l'on ne voit pas.

Le Congo est un pays de surprise, là où l'on ne s'entendait pas, c'est là où le Congo apparait. Personne ne peut prendre la bénédiction, l'homme peut piller la richesse mais tant qu'il y a la bénédiction, cette dernière l'enrichira de plus. Ce que les autres pensent rendre faible le Congo, ils lui rendent très fort qu'avant.

Nous trouvons trois choses dans la bénédiction de Dieu *« Ge 22 :17-18 »* :

- La multiplication (La croissance)
- La possession
- Le partage de notre bénédiction

CHAPITRE II. LA MULTIPLICATION (LA CROISSANCE)

1. NOTION SUR LA CROISSANCE ET LA MULTIPLICATION

La multiplication est l'opération qui consiste à faire une addition répétée. Le produit désigne le résultat de cette opération. Les facteurs correspondent à chaque composante de la multiplication, c'est-à-dire les nombres qui sont multipliés ensemble. La croissance comme une augmentation sur le long terme de la production de biens et de services d'une économie, qui se mesure généralement année par année. La croissance est le fait d'augmenter, de se développer, de propager donc rendre une quantité plus grande, devenir plus grand, plus important ou plus intense. Se forme ou se transformer en parlant d'un organisme, s'améliorer.

2. LA MUTIPLICATION (LA CROISSANCE)

Dans la bénédiction de Dieu, il y a la croissance (multiplication) de la richesse « postérité » c'est pourquoi ils ont commis une erreur de voler la richesse du Congo, qui ne cessera jamais à se multiplier. Personne ne peut nous ôter la bénédiction que Dieu nous a donnée, ils ne prennent qu'une portion mais la source c'est nous les congolais qui la possédons. Et Dieu continuera toujours à croitre notre postérité *(richesse, intégrité territoriale, patrimoines...)* parce que nous sommes un peuple béni, je suis fière d'être congolais, je suis fière de mon pays la République Démocratique du Congo. Le thème de la multiplication est présent dans toute la Bible. Ce qui ne peut être réalisé par addition, Dieu le fait par multiplication. On récolte ce que l'on sème. Ce que vous donnez au Seigneur, il le multiplie. À partir d'un homme et d'une femme à qui Dieu a donné l'ordre de se multiplier, la terre a été couverte d'êtres humains : ***"Dieu leur dit: Soyez féconds, multipliez-vous, remplissez la terre et soumettez-la". (Genèse 1:28)***. C'est le principe de la multiplication (la croissance) que Dieu a insufflé dans la création dès le commencement... Le Seigneur les a multipliés.

Nous devons tous apporter quelque chose pour que le Seigneur multiplie nos ressources : Notre cœur, notre foi, notre amour, notre espérance, Dieu veut les multiplier. Il veut les multiplier pour que nous puissions répandre, rassasier les cœurs meurtris, blessés, les âmes languissantes.

Nous sommes envoi de la stabilité et de paix car sans ces dernières, il nous sera difficile de se multiplier et obtenir la stabilité et la paix. La République Démocratique du Congo est un robinet d'où tire sa source dans un grand océan et qui fait coulé l'eau à chaque fois qu'il y a un réservoir, il est impossible que la bénédiction de ce pays termine, si Dieu n'a pas encore dit un mot. Pour ceux qui pensent que cette bénédiction terminera, ***« ne vous y trompez pas on se moque pas de Dieu » Ga 6 :7a.*** Je vous informe tant que le créateur de cette bénédiction n'a pas encore dit un mot, elle se multipliera, elle croitra toujours, la pensée d'épuiser cette bénédiction, détrompez-vous, plusieurs il y a des années sont morts et la bénédiction est restée, d'ailleurs elle s'est multipliée et c'est la cause même de la convoitise qui se crée du jour au jour dans les malfaiteurs, les voleurs, les convoiteurs, les brigands. Tout celui qui n'entre pas par la porte et il entre par la fenêtre est un voleur. Je me demande qui peut diviser ce que Dieu a multiplié, et qui peut soustraire ce que Dieu a additionné ?, l'homme insatisfait du mécontentement cherche toujours à tout prendre et d'oublier ce qu'il a, je dirai seulement que contentes-toi de ce que tu as : *« Hé 13 :5 ».* Le peuple congolais continuera à multiplier les efforts pour défendre leur sol, avec Dieu nous réussirons et je le crois car c'est pour bientôt. Les congolais meurent chaque jour à cause de leur richesse, leur propriété, leur possession.

Et cela fait poussé Dieu à multiplier la croissance démographique l'effectif de l'année 1960, n'est pas celle d'aujourd'hui, il y a une croissance démographique, les Israelites ont péri en Égypte malgré qu'ont tué tous les garçons mal à leur naissance, en fin de stopper la croissance démographique mais à ma grande surprise, ce peuple croissait toujours démographiquement, si la mère de Moïse l'a cacher, ceci me pousse à imaginer que toutes les femmes qui mettaient des garçons mal au monde, prenaient peut-être aussi le temps de les cacher. *« Exode 2 :2-6 »,* on peut tuer tous les leaders mais il y a toujours des leaders que Dieu cache pour la libération de son peuple comme ce fut au temps du prophète Elie : *« 7000 Hommes qui n'ont point fléchi les genoux »* *1R 19 :18.* Le Dieu créateur, il confond toujours ceux qui se croient être sages. Diviser le peuple congolais, le pousse à multiplier les efforts pour créer l'amour, et ça lui pousse à une réflexion très profondes, or pour trouver une solution face aux sages, il faut réfléchir plus qu'eux. Je dis merci à ceux qui cherchent à diviser le peuple congolais car vous nous poussés à penser plus loin que vous, et voilà aujourd'hui ; Nous sommes devenus forts et sages à cause de vous : **« *diviser pour mieux régner* »** dit-on, cette expression avait de l'ampleur entre le peuple congolais, et c'est sur base de cette expression que nous trouvons des solutions pour ainsi dire : **« *l'union fait la force* »** et celle-ci nous pousse à crier **« *l'unité nationale* ».** Cette multiplication (croissance) doit s'élargir dans tous les domaines : intellectuel, social, culturel, spirituel, politique,…

Le peuple congolais est comme de l'eau qui coule et quand elle trouve un mur, à ma connaissance, cette eau cherchera là où il y a une fissure sur le mur pour couler, ou soit elle augmentera de volume jusqu'à traverser le mur par-dessus, et si elle ne trouve pas une sortie aujourd'hui, puisse qu'elle est une eau, un jour ce mur s'affaiblira et s'effondra, voilà ce que nous sommes, les difficultés, les problèmes,… nous ont rendus forts et sages pour trouver des solutions.

CHAPITRE III. LA POSSESSION

1. NOTION SUR LA POSSESSION

Fait de posséder quelque chose : Revendiquer la possession d'un bien. Territoire possédé par un État. D'une part, la possession peut constituer un élément essentiel de différents modes d'acquisition de la souveraineté territoriale ; d'autre part, elle peut servir comme moyen de preuve de l'existence d'autres titres ou encore de l'interprétation que les parties se font d'un titre donné. La possession est le fait, pour une personne, de se comporter en fait et en intention comme si elle était la propriétaire d'une chose, en exerçant sur elle un droit paisible, public et non équivoque alors même qu'elle n'en est pas titulaire. Juridiquement Dans le régime des biens, la possession est l'état de fait découlant de ce qu'une personne qui se croit propriétaire d'une chose mobilière ou immobilière, ... et se conduit publiquement en propriétaire.

Celui qui découvre, par le pur effet du hasard, une chose cachée ou enfouie a nécessairement conscience, au moment de la découverte, qu'il n'est pas le propriétaire de cette chose, et ne peut être considéré comme un possesseur de bonne foi ; que, par suite, il ne saurait se prévaloir des dispositions pour faire échec à l'action en revendication d'une chose ainsi découverte, dont il prétend qu'elle constitue un trésor. Une telle action n'est pas susceptible de prescription. En matière de prescription acquisitive, celui qui succède au possesseur de bonne foi, soit à titre universel soit à titre particulier, à titre lucratif ou à titre onéreux, peut se prévaloir du temps pendant lequel celui auquel il a succédé a lui-même possédé. Il complète ainsi la durée du temps pendant lequel il a prescrit avec la durée pendant laquelle son auteur a commencé à prescrire. Si la durée des temps ajoutés égale ou excède la durée légale, le dernier des possesseurs de bonne foi dispose alors d'un titre de propriété inattaquable. Cette règle est dénommée ***"la jonction des possessions"***. En ce qui concerne les objets mobiliers, la possession paisible, publique et de bonne foi constitue une présomption relative de propriété. En ce qui concerne la propriété immobilière, une très longue possession constitue un moyen d'acquérir par prescription. **Il est question de "quasi-possession" lorsque la possession s'exerce non sur un droit de propriété, mais sur un démembrement de la propriété, usufruit ou nue-propriété. La possession se démarque de la "détention" qui est la situation dans laquelle se trouve une personne qui, en vertu d'un contrat, dispose d'un bien dont elle a seulement l'usage ou la garde pendant la seule durée du contrat. Il en est ainsi du créancier gagiste, du dépositaire, du mandataire et du locataire.**

2. LA POSSESSION

Dans la bénédiction de Dieu, nous devons consolider nos acquis, la possession selon le droit de propriété est la jouissance, une faculté actuelle de disposer ou de jouir d'un bien ; c'est pourquoi tout congolais doit se réjouir des biens qui lui appartiennent et s'il n'arrive pas à se réjouir de ces biens, il doit revendiquer sa possession, parce que nous sommes les propriétaires selon la volonté de Dieu en nous donnant la possession de cette terre congolaise riche et convoitée, nous devons se réjouir de certains plaisirs, de certaines choses qu'on a cherchées avec ardeur comme par exemple la paix, l'unité nationale, notre richesse, la stabilité...

Nous devons posséder notre Terre, parce que dans la bénédiction de Dieu, il y a la possession de la porte de nos ennemis, nous devons possédées nos frontières, car notre devoir est de veiller à nos portes *(frontières) « Ge 22 :17 »* Le sens le plus évident est celui-ci : le Congo doit vaincre ses ennemis et capturer leurs villes, puisqu'il devrait saisir et occuper leurs portes. Mais dans ce verset, la porte ici indique une signification plus profonde ; le monde hostile a une porte, ou des portes, dans ses susceptibilités, par lesquelles Israël devrait y entrer *« Ps 24 :7 »,* à ma compréhension le Congo RD, doit posséder les portes de leurs ennemis, c'est-à-dire être le maitre et le dirigeant de ses villes et territoires frontaliers.

3. LA POSSESSION, LA DÉTENTION PRÉCAIRE ET PROPRIETAIRE

À partir du 3e siècle, le domaine de la propriété est étendu aux provinces romaines. Cette situation permettra de mettre en avant l'émergence du caractère de possession de longue durée d'une terre, permettant à un citoyen d'acquérir la propriété. XIIIe siècle. Emprunté du latin juridique proprietarius, ***« appartenant à quelqu'un », puis « propriétaire »***. Celui, celle qui possède un bien. Un propriétaire terrien, foncier. En particulier personne à qui appartient un bien immeuble. Comme son nom l'indique, le propriétaire est celui à qui le bien appartient. Personne qui détient des propriétés et qui en tire ses revenus.

La notion de propriété, liée à celle de la détention précaire et de la possession, a tout d'abord été pensée comme une propriété collective. La possession ne pouvait au départ pas être individuelle. Dans un monde où les débats sur la répartition des richesses et les droits individuels sont au cœur des préoccupations sociétales, la question de la propriété privée soulève de nombreuses controverses. Certains l'accusent de favoriser les inégalités et de perpétuer un système où une minorité monopolise l'essentiel des ressources. D'autres, en revanche, considèrent la propriété privée comme un pilier fondamental des libertés individuelles et un moteur essentiel du progrès économique. Cependant, au-delà de ces perspectives divergentes, nous allons parler en tant que chrétien vis-à-vis de la propriété dont révèle la Bible et qu'en évoluant celui-ci s'il constitue une force positive ou négative pour la société. Nous allons se référés aussi au droit de propriété selon la pensée humaine (juridique).

4. LA POSSESSION ET LA PROPRIETE SELON LA PENSEE BIBLIQUE ET JURIDIQUE

Dans le droit de propriété selon Aurélien Bamdé, Docteur en droit privé, il est Titulaire du Certificat d'Aptitude à la Profession d'Avocat et Fondateur du Droit dans tous ses états, il écrit dans son article à ce sujet : « **le détenteur précaire ne pourra jamais devenir propriétaire lorsqu'il est l'usufruitier. En étant usufruitier, le détenteur précaire va pouvoir disposer de l'usus et du fructus. L'usufruit est le droit de jouir des choses dont un autre a la propriété, comme le propriétaire lui-même, mais à la charge d'en conserver la substance. Le fructus est le droit de faire fructifier la chose ou de la laisser en l'état sans la faire fructifier »**.

La propriété privée désigne le droit d'un individu ou d'une entité à posséder, utiliser et gérer un bien de manière exclusive, dans les limites du cadre légal. Le propriétaire jouit d'une autorité légale complète sur ses biens, pouvant les exploiter à sa guise, à des fins personnelles ou professionnelles. Perçue comme un droit naturel, la propriété privée souligne l'aptitude innée de chaque individu à posséder des biens. Elle suggère que cette capacité est inhérente à l'humain, existant avant toute loi ou institution établie. Elle offre donc une protection contre les interventions injustifiées, qu'elles émanent de l'État ou d'autres acteurs.

Le libéralisme économique considère la propriété privée comme un levier de la richesse collective. Selon cette idéologie, la préservation de ce droit est cruciale pour le maintien d'une société libre et prospère. En opposition, des idéologies telles que le socialisme ou le communisme prônent une propriété collective. Pour Karl Marx : **« la propriété privée est une source potentielle d'inégalités. »**

La terre congolaise qui est la terre de nos aïeux riche depuis sa création et convoitée depuis plusieurs années c'est notre propriété, quant à la Bible, elle reconnaît et protège la propriété privée, soulignant son importance dans les traditions et les lois hébraïques. Ces règles, ancrées dans la moralité et la loi civile, avaient pour but d'assurer l'équité et de limiter les excès. Dans l'Ancien Testament, on retrouve trois catégories majeures de lois : morales, cérémonielles et civiles. Ces lois civiles avaient pour but d'organiser la société Israélite. Elles établissaient des directives précises concernant la propriété privée, illustrées par des règlements tels que la restitution des terres lors du Jubilé, l'intégrité des limites territoriales, et les règles successorales. À l'inverse, le Nouveau Testament se concentre davantage sur la dimension morale, mettant en arrière-plan les préceptes cérémoniels et civils de l'Ancien Testament. Il envisage la possession matérielle sous un prisme éthique et personnel, valorisant l'approche de l'individu vis-à-vis de ses biens et de leur utilisation. Il est donc normal que la notion juridique de propriété privée soit moins présente. Plutôt que de dicter des réglementations précises sur la propriété, les textes néotestamentaires encouragent l'utilisation des ressources pour honorer Dieu et aider autrui.

La parabole du riche insensé, rapportée dans **« *Luc 12 : 13-21* »**, et les recommandations de Paul sur le contentement, exprimées dans **« *Philippiens 4 : 11-12* »,** illustrent cette perspective morale sur la propriété.

« Tu ne commettras pas de vol. » Exode 20 : 15. Ce commandement établit un cadre moral qui protège la possession d'autrui, impliquant la reconnaissance et la sauvegarde des droits de propriété. L'interdit du vol sert de fondement éthique à la préservation des biens personnels. En mentionnant les commandements, notamment ***« Tu ne voleras point » (Marc 10 : 19; Luc 18:20)***, Jésus souligne l'importance du respect de la propriété privée, suggérant implicitement qu'un individu a le droit de détenir des biens sans risquer de les voir injustement soustraits. ***« … tu ne commettras pas de vol…» Marc 10 : 19.*** Par ailleurs, diverses paraboles traitent indirectement de la propriété privée. Même si elles ne visent pas principalement à en défendre le principe, elles démontrent l'importance d'une gestion honnête et responsable des biens.

« Tu ne convoiteras pas la maison de ton prochain ; …. ni son bœuf, ni son âne… ni quoi que ce soit qui lui appartienne. » Exode 20 : 17.

Ce commandement va au-delà de la simple protection matérielle en décourageant la convoitise des biens d'autrui, reconnaissant et légitimant ainsi la propriété individuelle.

D'après Mon-espoir Mfini Juriste en droit des affaires et droits africains (chercheur en droit, auteur d'un ouvrage consacré aux instruments de paiement et de crédit et d'articles de doctrine), il écrit dans son article : *« La propriété foncière s'acquiert et se transmet par l'effet des obligations, par l'effet de la reconnaissance des terres coutumières, par succession, par donation entre vifs ou testamentaire, par accession ou incorporation et par prescription. »* Mais Naboth répondit à Achab *: «Que l'Eternel me garde de te donner l'héritage de mes ancêtres! 1 Rois 21 : 3* Dans le Premier livre des Rois, Naboth refuse de vendre sa vigne attenante au palais d'Achab, malgré une offre généreuse de ce dernier. Il invoque le caractère sacré de l'héritage familial, une terre qui ne pourrait être vendue. Son déclin obstiné déclenche une série d'événements tragiques, conduisant à son assassinat sur la base de fausses accusations. L'issue de cette histoire est un avertissement cinglant : la transgression des lois divines, même par un souverain, ne reste pas sans répercussions. La rétribution céleste qui s'abat sur Achab et Jézabel réaffirme la sévérité avec laquelle sont traitées les violations des droits de propriété. Ce récit biblique illustre la reconnaissance et la protection de la propriété individuelle chez les Hébreux, indéfectibles malgré la pression de l'autorité royale.

Nous dont Dieu a placé sur ce sol riche, nous sommes les possesseurs légalement connu de tous même le ciel le sait, car dans la bénédiction de Dieu il y a la possession. *« Vous ferez de cette cinquantième année une année sainte, vous proclamerez la liberté dans le pays pour tous ses habitants. Ce sera pour vous le jubilé : chacun de vous retournera dans sa propriété et dans son clan. » Lévitique 25 : 10.* Le Jubilé était une tradition quinquagénaire au cours de laquelle les champs n'étaient pas cultivés, les dettes étaient effacées, *les esclaves étaient affranchis, et surtout les terres étaient rendues à leurs propriétaires originels.* Cette tradition s'appuyait sur la distribution des territoires aux tribus israélites établie à leur arrivée en Canaan, consignée dans le livre de Josué. Ces terres, devenues patrimoines familiaux, étaient préservées par le jubilé qui garantissait leur retour aux familles, malgré les ventes ou les cessions éventuelles. Le jubilé était donc un mécanisme divin qui non seulement réitérait le principe de la propriété privée mais aussi préservait ce droit en assurant une répartition équilibrée des terres, contribuant à la stabilité et à l'équilibre sociaux et économiques sur le long terme. Pour moi je crois que cette prophétie va s'accomplir sur la République Démocratique du Congo et cette dernière n'est pas loin de s'accomplir malgré ce jubilé était une tradition quinquagénaire pour moi à ceci, je dirais il y a certaines choses qui doivent être réalisées avec le cinquième président de la République Démocratique du Congo. Et les autres emboiteront ces pas dans la libération de la RDC. Chaque président de ce pays a un rôle très important à jouer dans ce pays riche et convoité par plusieurs. La parabole des talents *(Matthieu 25 : 14-30)* décrit des serviteurs récompensés ou sanctionnés suivant la manière dont ils ont administré les biens qui leur étaient confiés. D'autres récits, comme celui des vignerons infidèles *(Matthieu 21 : 33-41)* et de l'économe inique *(Luc 16:1-13),* mettent en exergue les effets néfastes de la trahison de confiance et de la malhonnêteté.

C'est pourquoi les enfants d'Israël devrait conquérir les terres de leurs pères **_« JOSUE 1 :6,11 »,_** nous le peuple congolais ne laisserons pas la terre que Dieu nous a donnée en possession entre les mains des autres car c'est la nôtre que vous le vouliez ou pas, nous sommes le peuple congolais possesseurs de la terre congolaise. L'action possessoire peut être définie comme une action en justice garantissant la protection de ceux qui possèdent paisiblement un bien immobilier contre les troubles qui affectent ou menacent leur possession. La compréhension de l'intendance biblique est cruciale pour saisir la notion de propriété d'un point de vue chrétien. Cette doctrine éclaire la relation entre l'homme, ses possessions et Dieu. La Bible affirme que Dieu règne en maître sur la terre et ses richesses, Tout est sous Sa juridiction divine. **_« Toute la terre m'appartient Exode 19:5 C'est afin que tu saches que la terre appartient à l'Éternel. Exode 9:29 La terre et ce qu'elle contient sont au SEIGNEUR, le monde et ceux qui y habitent. » Psaume 24:1_** Comme Dieu est le propriétaire de toute chose, l'homme est un simple intendant. Un intendant est celui à qui l'on confie la gestion de ressources sans en être le propriétaire.

Il n'a pas une liberté d'action absolue, mais doit agir conformément aux intérêts du véritable propriétaire. C'est pour cela que Dieu a placé le peuple congolais comme intendant devant ses yeux mais sur la terre devant d'autres peuples, il est propriétaire du sol congolais. Et Chaque peuple est intendant du sol de son pays là où Dieu lui place mais devant d'autres peuples il est son propriétaire. Il est important de souligner que ce concept de propriété ne remet pas en cause la souveraineté absolue de Dieu sur toutes choses. Tout ce qui est considéré comme le nôtre appartient finalement à Dieu, et ce principe semble aussi applicable sur terre qu'au ciel.

Le chrétien est alors appelé à mettre ses ressources, possessions et talents au service de Dieu, en d'autres termes, pour l'avancement de Son royaume, de son pays. Tels que la parabole des talents ou celle de l'économe infidèle, encouragent les croyants à être des gestionnaires loyaux et fidèles. ***« Celui qui est fidèle dans les petites choses l'est aussi dans les grandes, et celui qui est malhonnête dans les petites choses l'est aussi dans les grandes. Si donc vous n'avez pas été fidèles dans les richesses injustes, qui vous confiera les biens véritables ? Et si vous n'avez pas été fidèles dans ce qui est à autrui, qui vous donnera ce qui est à vous ? » Luc 16 : 10-12.*** De la même manière que nous sommes de bons intendants des grâces de Dieu, mettons chacun au service des autres le don que vous avez reçu. Donc nous devons garder notre sol, que Dieu à placer à notre possession. ***« 1 Pierre 4 : 10 ».*** La gérance des possessions ici-bas aura des conséquences éternelles. La parabole des talents met en lumière cette responsabilité : les intendants fidèles et compétents seront gratifiés dans le Royaume céleste, tandis que les autres seront sanctionnés. ***« Celui qui avait reçu les cinq sacs d'argent s'approcha, en apporta cinq autres et dit : 'Seigneur, tu m'as remis cinq sacs d'argent. En voici cinq autres que j'ai gagnés.' Son maître lui dit: 'C'est bien,*** *bon et fidèle serviteur; tu as été fidèle en peu de chose, je te confierai beaucoup. Viens partager la joie de ton maître. »* Matthieu 25 : 20-21

Et il est demandé encore à un chrétien qu'au lieu de privilégier uniquement les richesses terrestres qui passeront, le chrétien est incité encore à œuvrer pour Dieu sur Terre, ce qui lui facilitera indirectement d'amasser des richesses célestes. « ***Ne vous amassez pas des trésors sur la terre, où les mites et la rouille détruisent et où les voleurs percent les murs pour voler, mais amassez-vous des trésors dans le ciel, où les mites et la rouille ne détruisent pas et où les voleurs ne peuvent pas percer les murs ni voler ! »*** Matthieu **6:19-21** En somme, bien que l'homme soit en droit de jouir de ses biens, il doit constamment se rappeler que le véritable propriétaire est le Seigneur. Son rôle est celui d'un intendant temporaire, appelé à employer ses ressources pour la gloire du Royaume de cieux.

5. DETENTION PRECAIRE ET POSSESSION, PENSEE JURIDIQUE ET BIBLIQUE

Détention précaire et possession, deux notions rigoureusement distinctes La détention précaire et la possession sont différentes étant donné *la prééminence du possesseur face au détenteur précaire ce dernier étant dépossédé de certains droits.* La primauté du possesseur face au détenteur précaire d'une part, *le possesseur et le détenteur précaire disposent tous deux du corpus, élément matériel de la possession. le pouvoir de fait exercé sur la chose d'autrui en vertu d'un titre juridique qui rend la détention précaire en ce qu'il oblige toujours son détenteur à restituer la chose à son propriétaire et l'empêche de l'acquérir par la prescription, mais non de jouir de la protection possessoire,* au moins à l'égard des tiers.

Dans un premier temps, il est difficile de distinguer la détention précaire de la possession. Les deux notions sont néanmoins reliées à la notion de propriété, *« droit de jouir et disposer des choses, des espaces de terres ou de terrains de la manière la plus absolue, pourvu qu'il n'en soit pas fait un usage prohibé par les lois et règlements. »* Il est des situations où celui qui exerce une emprise physique sur la chose, n'a pas la volonté de se comporter comme son propriétaire. Parce qu'il lui manque l'animus il ne peut donc pas être qualifié de possesseur ; il est seulement détenteur de la chose. La détention se distingue ainsi de la possession en ce que *le détenteur n'a pas la volonté d'être titulaire du droit réel en cause.* La détention peut être simple, soit résulter d'un fait ; Elle peut être précaire, soit résulter d'un titre. Ceux qui possèdent pour autrui ne prescrivent jamais par quelque période de temps que ce soit.

Gérard Cornu (juriste et professeur de droit français à l'Université de Paris Panthéon-Assas) définit la détention dans son vocabulaire juridique comme : *« le pouvoir de fait exercé sur la chose d'autrui en vertu d'un titre juridique qui rend la détention précaire en ce qu'il oblige toujours son détenteur à restituer la chose à son propriétaire et l'empêche de l'acquérir par la prescription (sauf interversion de titre), mais non de jouir de la protection possessoire, au moins à l'égard des tiers ».*

La distinction entre la possession et la détention précaire tient, d'une part, à leurs sources, d'autre part, à leurs éléments constitutifs et, enfin, à leurs effets. Si, possesseur et détenteur ont en commun d'exercer un pouvoir de fait sur la chose, ils se distinguent en ce que la possession résulte toujours d'une situation de fait, tandis que la détention précaire résulte d'une situation de droit. Si la possession se confond généralement avec la propriété, situation de droit, elle relève pourtant toujours du fait : l'acte de détention et de jouissance de la chose ; Le point de départ de la possession consiste ainsi en une situation de pur fait, l'emprise matérielle exercée sur la chose, à la différence de la détention qui est assise sur une situation de droit Si le possesseur exerce un pouvoir de fait sur la chose, c'est parce qu'il en a la maîtrise physique. Contrairement au possesseur, le détenteur précaire ne tient pas son pouvoir de l'emprise matérielle qu'il exerce sur la chose, mais du titre qui l'autorise à détenir la chose. Ce titre est le plus souvent un contrat, tel qu'un bail, un prêt, un dépôt ou encore un mandat. Ce titre peut encore résulter de la loi : il en va ainsi du tuteur qui est détenteur précaire des biens qu'il administre pour le compte de la personne protégée. Tel est encore le cas de l'usufruitier dont le pouvoir, qu'il détient le plus souvent des règles de dévolution successorale, ne se confond pas avec le droit du propriétaire. Lorsque le pouvoir de fait exercé sur la chose ne correspond ni à une situation de possession, ni à une situation de détention précaire, on dit de l'agent qu'il est occupant sans droit, ni titre. ***« Tu ne reculeras pas les bornes de ton prochain, celles qu'ont posées tes ancêtres, dans l'héritage que tu auras au pays dont l'Eternel, ton Dieu, te donne la possession. » Deutéronome 19 : 14*** L'interdiction de déplacer les ***« bornes »*** ou ***« pierres limites »*** dans la Bible souligne encore une fois l'importance et la sacralité de la propriété privée. Ces marqueurs physiques, souvent en pierre, établis dans l'Ancien Testament, servaient à définir clairement les limites d'une propriété ou d'un terrain. Leur présence avait une importance capitale car ils cristallisaient les droits de propriété, prévenant ainsi les litiges et les conflits territoriaux entre voisins. Le verset de Deutéronome 19 : 14, en interdisant catégoriquement le déplacement de ces bornes, met en avant le droit inaliénable à la possession. D'autres versets, tels que « ***Proverbes 22 : 28 et 23 : 10 »***, viennent renforcer cette notion, accentuant la valeur du respect des biens et des frontières.

Ces commandements, loin d'être de simples directives foncières, expriment une véritable reconnaissance du principe de la propriété individuelle, et établissent les fondements de l'ordre, de la justice et du respect mutuel au sein de la collectivité, témoignant ainsi du respect profond accordé par les Écritures à la possession personnelle. De plus, ces écritures réprouvent le vol, soulignant ainsi le respect dû aux biens d'autrui, comme le stipule **« *Que celui qui volait cesse de voler ; qu'il se donne plutôt la peine de travailler honnêtement de ses propres mains pour avoir de quoi donner à celui qui est dans le besoin. » Éphésiens 4 : 28*** Bien que l'accent soit mis sur l'évitement de la cupidité et sur un partage équitable des ressources, l'existence de biens individuels est reconnue dans les Épîtres, qui promeuvent le travail diligent, une gestion prudente des ressources et la bienveillance envers autrui. Ainsi, lorsque la détention ne résulte pas d'un titre et que le détenteur n'a pas la volonté de se comporter comme le véritable propriétaire de la chose, elle ne produit aucun effet. Pareillement, le simple passage à pied sur le terrain d'autrui, toléré par le propriétaire, ne suffit pas à constituer possession, faute d'élément intentionnel. Tolérance zéro qui pourrait être l'option de la RDC dans les années qui suivent…

Au fond, l'acte de pure faculté ou de simple tolérance consiste en l'exercice normal du droit de propriété qui, n'empiétant pas sur le fonds d'autrui, ne constitue pas un acte de possession capable de faire acquérir, par usucapion, un droit sur ce fonds. Cet acte de pure faculté ou de simple tolérance est admis, soit parce que le propriétaire du fonds l'a expressément autorisé, soit parce qu'il y consent tacitement par souci d'amitié, de bon voisinage, d'obligeance ou encore altruisme. Les actes de pure faculté et ceux de simple tolérance ne peuvent fonder ni possession ni prescription. Tout au plus, lorsque l'emprise matérielle que l'occupant exerce sur le bien est consentie par le propriétaire, elle correspond à ce que l'on appelle un acte de pure faculté ou de simple tolérance. L'acte de pure faculté ou de simple tolérance peut se définir comme la détention d'un bien avec la permission tacite ou expresse du propriétaire.

Celui qui exerce un pouvoir de fait ou de droit sur la chose correspondent à quatre situations :

PROPRIETÉ	POSSESSION	DETENTION PRECAIRE	DETENTION SIMPLE
CORPUS	CORPUS	CORPUS	CORPUS
ANIMUS	ANIMUS		
TITRE		TITRE	
			ACTE DE SIMPLE TOLERANCE

Outre ces procédés, nous pouvons aussi noter la possession continue, réelle et paisible, publique et non équivoque d'une terre sur laquelle on ne dispose que d'un titre précaire. A juste titre, il convient de relever que l'occupation et l'acquisition des terres est réservée aux personnes physiques et morale de nationalité. L'acquisition du droit de propriété sur ces terres se fait par une reconnaissance de l'État. En dehors de cette reconnaissance, le possesseur n'en n'est pas propriétaire mais simple occupant et il 'est juste un détenteur précaire. tout titre de propriété autre que le titre foncier est un titre précaire, toute personne qui occupe des terres ou terrains sans titre foncier est un occupant foncier précaire.

Bien que peu fréquemment évoquée dans les Écritures, la propriété privée y est traitée de manière plutôt favorable, à travers les enseignements de l'Ancien comme du Nouveau Testament. De nombreux économistes et penseurs soutiennent que la formalisation et la protection de la propriété privée sont des leviers de développement économique.

Au vu de ce qui a été exposé, il semble pertinent pour un chrétien de défendre les principes de la propriété privée et d'exercer une vigilance vis-à-vis des idéologies collectivistes. Cette position dépasse le simple argument économique ; elle incarne une vision du monde qui valorise la liberté individuelle, la responsabilité personnelle et l'intendance.

CHAPITRE IV LE PARTAGE DE NOTRE BENEDICTION

« Je bénirai ceux qui te béniront, et je maudirai ceux qui te maudiront ; **et toutes les familles de la terre seront bénies en toi.** *» Ge 12 : 3 ; 22 :17.* La grande promesse à Abraham, que toutes les nations seraient bénies dans sa postérité, fut d'abord donnée sans aucune référence à son caractère. La bénédiction des autres dans notre bénédiction ; il est vrai que dans notre bénédiction d'autres en profiteront mais d'une manière légale parce que c'est notre bénédiction. Nous sommes les bénéficiaires de cette bénédiction, le pays (Congo RD) doit être géré afin qu'il nous apporte nos bénéfices, Israël souffraient en Égypte mais pas dans leur pays (Canaan), chose grave nous peuple congolais, nous sommes dans notre pays mais pourquoi nous souffrons ? Le prophète Jérémie dit : *« Pourquoi ma souffrance est-elle continuelle ? Pourquoi ma plaie est-elle douloureuse, et ne veut-elle pas se guérir ? Serais-tu pour moi comme une source trompeuse, Comme une eau dont on n'est pas sûr ? » Jé 15 :18.*

Quand Dieu béni c'est pour que les autres en bénéficient aussi mais pas d'une manière illégale. Un homme qui prend illégalement donc il n'est pas propriétaire, nous ne sommes pas égoïste de cette grande (bénédiction) richesse, le Congo est un pays hospitalier, ne nous divisés pas, nous défendons l'unité nationale et non pas la discrimination et non plus le tribalisme car ça nous affaibli et ceci permet aux envahisseurs de profiter de notre bénédiction illégalement et voilà l'impuissance du peuple congolais. Dans une maison là où il n'y a que la discrimination, le tribalisme, cette maison est en insécurité ; ce pareil avec la nation congolaise, soyons unis si nous voulons être forts, ne cultivons pas la haine plutôt l'amour. Chose étonnante est de voir quelqu'un qui hait son frère pour aimer le voisin qui détruit sa maison je me demande où il habitera dans le futur. Que Dieu aide mon pays, que Dieu aide mon peuple, que Dieu aide chaque président et son gouvernement qui régneront durant leur mandat. Être président ou avoir un rôle (une fonction) en République Démocratique du Congo, c'est être béni, j'aimerai être président de mon pays un jour, malheureusement ce n'est pas mon appel, chaque homme a un appel, une mission à jouer dans ce pays, et n'envie pas ce qui n'est pas ta mission ; tu manques la provision de cette mission ; par conséquent je préfère rester dans ma mission. Mais j'encourage à ceux qui ont la soif donc la mission ou la passion d'être président de ce beau pays béni pour diriger un peuple béni, il sera béni aussi. Ça toujours était difficile qu'un maudit dirige un béni et s'il est maudit à cause d'un béni, il sera béni. Le Congo est une source de bénédiction de plusieurs nations, je suis fière d'être congolais, parce en tant que congolais je suis une source de bénédiction de plusieurs : *« Je ferai de toi une grande nation, et je te bénirai, je rendrai ton nom grand, **et tu seras une source de bénédiction.** » Ge 12 :2*

La propriété permet de créer des arrangements flexibles avec les biens, de les diviser, de les regrouper ou de les reconfigurer de différentes manières. Par exemple, les copropriétaires d'une usine peuvent céder leur part sans altérer la structure physique de l'usine elle-même. Chacune de ces parts peut être détenue par des individus différents.

En attachant les propriétaires à leurs biens et en rendant les biens interchangeables, la propriété contribue à la création de liens sociaux plus étendus. Cela signifie que les propriétaires de biens immobiliers et d'autres actifs peuvent plus facilement interagir les uns avec les autres sur le plan économique et social. Lorsque la propriété est formalisée, elle crée une base de données centralisée et fiable qui contient des informations sur les propriétés, les propriétaires et les transactions. Cela facilite la recherche et la connexion avec d'autres propriétaires, ce qui peut être bénéfique pour le commerce, l'investissement, les prêts et d'autres activités économiques.

[41]

CONCLUSION

Ainsi donc, quel que soit le mouvement religieux ou christique, ou politique, ou autres… entant que congolais nous sommes obligés de défendre notre pays, et d'ailleurs dans le christianisme, un vrai chrétien est un bon citoyen, un bon patriote, le Congo n'appartient pas seulement aux politiciens mais à tout congolais. Cette situation que notre pays traverse, nous concerne tous en tant que congolais.

Je dirais que tout celui qui de la nationalité congolaise est un congolais et doit défendre son pays, l'Israël à sa sortie de l'Égypte dans le désert n'était pas composé seulement du peuple Israelite mais d'autres peuples se sont joint à leur conquête comme par exemple les Égyptiens et on les a tous appelés les Israelites ; de la même manière qu'Israël défendait ces terres et les revendiquait ; aussi nous devons le faire tout en jouant chacun son rôle pour que le Congo RD trouve la stabilité et la paix.

Car sans ces deux éléments, le développement de notre pays sera toujours loin de nous ; chaque congolais doit savoir qu'il a une mission que Dieu l'a confiée pour l'accomplir dans ce pays RD Congo, chers congolais remplissons nos tâches, si nous voulons bien la stabilité et la paix de notre pays et ces dernières nous amèneront au développement de notre pays.

Essayons de mettre nos divergences à coté et remplissons tous ensemble nos missions en faveur de notre pays. Lorsque nous sommes unis, nous devenons encore plus forts et je fini par dire selon l'Évangile selon Jean : *« ... Aimez-vous les uns les autres,... » Jn 15 :12*

[44]

BIOGRAPHIE

Luc Kunda est devenu chrétien né de nouveau en 2012 à Lubumbashi en R.D. Congo. C'est en 2015 que Dieu l'a choisi comme un instrument Ambassadeur pour la propagation de son Évangile, et il crée une plate-forme dénommée : **Mission Évangélique Pêcheurs d'Hommes (MEPH)** à Lubumbashi en RD Congo, qui, regroupe plusieurs **chrétiens missionnaires.** La **MEPH** a pour objectif principal celui de faire de toutes les nations **des disciples du Seigneur Jésus-Christ**, également, pour qu'ils reçoivent par la foi, en Jésus-Christ **le pardon des péchés et l'héritage avec les sanctifiés** ; Luc Kunda commence alors à étudier profondément la Bible, et à écrire ses premières études bibliques. C'est que 6 années plus tard après avoir reçu une formation approfondie avec le Saint-Esprit, Luc devient conférencier, formateur, encadreur, prédicateur, auteur de plusieurs ouvrages ; Luc Kunda est licencié en Théologie Pratique, il aime parler des hommes à Dieu et de Dieu aux hommes, enseigner les hommes afin de les ouvrir les yeux pour qu'ils passent de ténèbres à la lumière.

Livres et brochures publié (e)s :
- La création : de ténèbres à la lumière.
- La manifestation du Saint-Esprit en trois dimensions de la pentecôte : le Saint-Esprit avant, pendant, après la pentecôte.
- La construction des œuvres christiques : approche Évangélique.
- Le sacerdoce et ceux qui composent le sacerdoce.
- La vocation (brochure)
- L'influence de sept dimensions d'adoration (brochure)

BIBLIOGRAPHIE

- « propriétaire », dans Edmond Huguet, Dictionnaire de la langue française du seizième siècle, 1925-1967, p. page 224, tome VI
- La possession en Droit civil congolais RD
- « propriétaire », dans Émile Littré, Dictionnaire de la langue française, 1872–1877
- Dictionnaire de l'Académie française, huitième édition, 1932-1935 (propriétaire)
- Mimin (P.), La possession présomption irréfragable et la possession, présomption simple, Dalloz Chronologique. 1944, J, 135.
- Ortscheidt (P.), La possession en droit civil français et allemand, thèse Strasbourg III, 1977.
- La Bible Annotée, Louis second, TOB, Martin, Jérusalem
- Pothier (R-J.), Oeuvres complètes. Tome 15, Traités de la possession, de la prescription, Paris, éd. Chez Thomine et Fortic, 1821.
- Trigeaud (J-M.), La Possession des biens immobiliers, nature et fondement, thèse Paris II, 1979 et Paris, éd. Economica, 1981.
- Charles Spurgeon les trésors de la foi

- Rusconi (B.), L'Action pétitoire fondée sur la possession - Étude des articles 934 et 936 du Code civil suisse, Lausanne, éd. Roth et Sauter, 1958.
- Krief Verbaere (C.), Recherches sur la possession en droit des sûretés réelles, thèse Paris XII, 1994.
- Commentaire homilétique du prédicateur

I want morebooks!

Buy your books fast and straightforward online - at one of world's fastest growing online book stores! Environmentally sound due to Print-on-Demand technologies.

Buy your books online at
www.morebooks.shop

Achetez vos livres en ligne, vite et bien, sur l'une des librairies en ligne les plus performantes au monde!
En protégeant nos ressources et notre environnement grâce à l'impression à la demande.

La librairie en ligne pour acheter plus vite
www.morebooks.shop

Printed by Books on Demand GmbH, Norderstedt / Germany